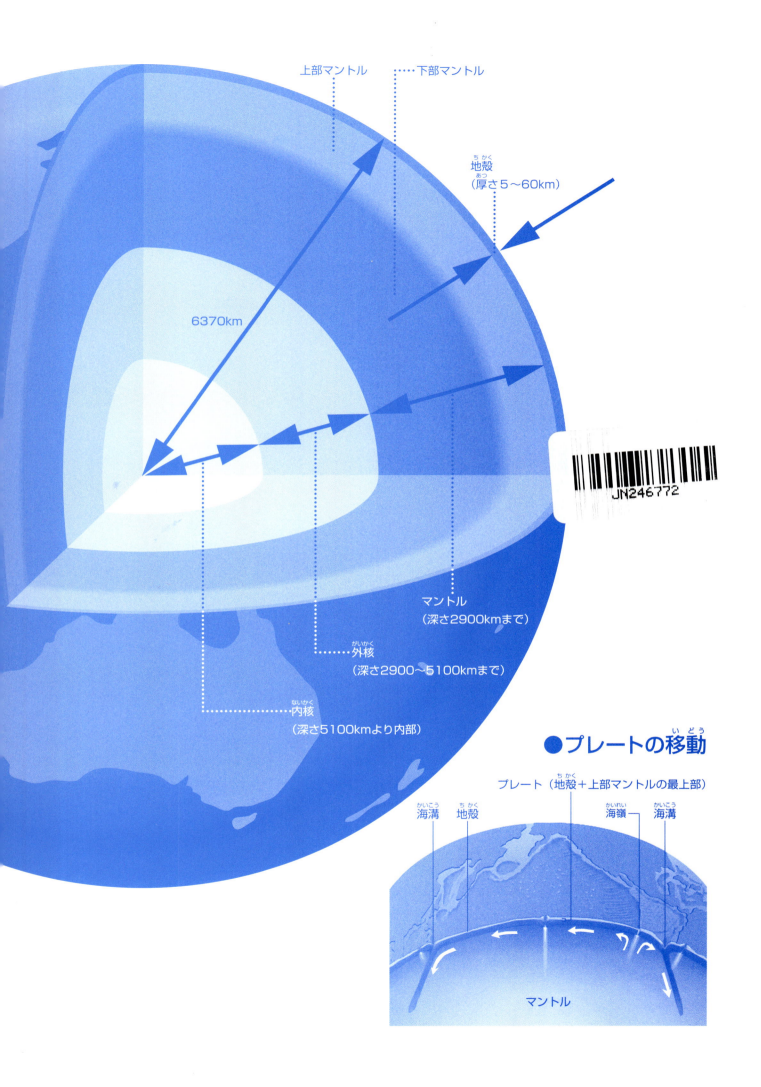

日本の島じま大研究 1

日本列島の歴史と地理

監修／田代 博
著／稲葉茂勝

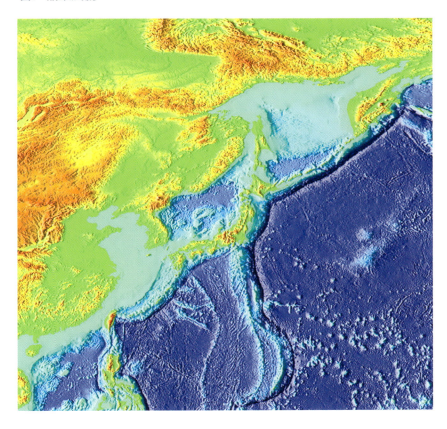

はじめに

みなさんは、「日本列島を大寒波がおそう」とか「台風が日本列島にそって北上」などと聞いたことがあるでしょう。でも、日本列島から遠くはなれたところに位置する沖ノ鳥島は、大寒波にはおそわれませんし、日本列島にそって進む台風のコースとも関係ありませんね。では、どこからどこまでが、日本の島なのでしょうか。「日本列島」とは、どこのことをいっているのかを正確に理解しているでしょうか。多くの日本人は、「日本列島」と「日本」は同じ範囲だと考えているのではないでしょうか。ほんとうにそうでしょうか？

＊

みなさんは、日本の島じまについて、どのくらい知っていますか？　ためしに右のクイズに挑戦してみてください。

1 日本列島は、ユーラシア大陸の●に位置する島国。●に入るのは？
㋐東　㋑西　㋒南　㋓北

2 日本の周辺には、プレート*1が何枚あるでしょうか。
㋐1枚　㋑2枚　㋒3枚　㋓4枚

3 日本は島がたくさんある国です。どれくらいの数の島があるでしょうか？
㋐約3000　㋑約5000　㋒約7000

4 日本列島の4つの大きな島のうち、北海道は四国のなん倍ぐらいの大きさでしょうか？
㋐約4倍　㋑約8倍　㋒約12倍

5 世界の国の面積を大きい順にならべると、日本はどこに入るでしょうか？
アメリカ＞㋐＞オーストラリア＞㋑＞タイ＞㋒＞イタリア＞㋓

*1 地球をおおう十数枚の厚さ100kmほどのかたい岩盤のこと。

もくじ

❶日本列島はこうしてできた…4
❷日本列島の構造…6
❸伊豆半島と伊豆諸島のひみつ…8
❹日本列島付近の海溝とトラフ…10
❺プレートと地震…12
●日本列島の火山…14
❻九州・南西諸島と台湾…16

(6㋓(→p9) 10㋐(→p7) 9㋑(→p14) 8㋒(→p10) 7㋐(→p14) 6㋓)

富士山は **6**
日本でいちばん高い山
ですが、火山としては、
どれでしょうか？
㋐休火山　㋑死火山　㋒活火山

日本海溝*² のいちばん深い **7**
ところは、富士山の高さと
くらべるとどうでしょうか？
㋐ずっと深い　㋑同じぐらい
㋒ずっと浅い

日本は火山大国と **8**
いわれています。
どれくらいの数の活火山が
あるでしょうか？
㋐約30　㋑約50　㋒約110

明治政府によって **9**
招かれたドイツの地質学者が命名した
「フォッサマグナ」とは、
どういう意味でしょうか？
㋐大きなさけ目　㋑大地震
㋒大噴火

2013年、火山活動により **10**
すぐそばに新島が誕生した、
小笠原諸島の島の名前は？
㋐昭和新島　㋑小笠原新島　㋒西之島

*² 東日本沖の太平洋底に存在する巨大な海底の谷。

どうですか、自信をもって答えられましたか？　けっこう、知っているようで知らないことばかりではないでしょうか。

＊

現在、日本はいろいろな意味で世界から注目されています。日本にやってくる外国人もどんどん増えています。東日本大震災のあった2011年には、それまでより減って2321万人でした。でも、その後増えつづけ、近いうちには4000万人以上になりそうです。だからこそ、日本にくらすわたしたちは、日本列島・日本の島じま・日本について正しく理解しておきたい！　そう考えて、日本地図センターの田代博先生の協力を得て、「日本の島じま大研究」全3巻をつくりました。

❶日本列島の歴史と地理
❷日本の島じまの大自然と気候
❸日本の島と領海・EEZ

さあ、みなさんもこのシリーズをよく読んで、日本についてしっかりした知識をもつようにしてください。

子どもジャーナリスト　稲葉茂勝

❼対馬と朝鮮半島のなりたち…18
●対馬が韓国領!?…19
❽北海道と樺太…20
❾恐竜とマンモス…22
❿世界地図のなかの日本列島…24
逆さ地図で見る日本列島…26
⓫地震・火山の噴火による大災害…28
用語解説…30　さくいん…31

答え：1 ㋒ (→p5)　2 ㋑ (→p5)　3 ㋒ (→p6)　4 ㋐ (→p25)　5 ㋑ (→p25)　6 ㋒ (→p25)

❶ 日本列島はこうしてできた

日本列島は、地球が現在のようすにかたちづくられるころから
ほぼ現在の位置にあり、山脈などは造山運動によって
かたちづくられたと、かつては考えられていました。しかし、今は、
「プレートテクトニクス」という学説で考えられるようになりました。

「プレートテクトニクス」という学説

「プレートテクトニクス」は、地球の表面をおおうプレートの動きが非常に長い時間をかけて山脈・海溝*1をつくったり、地震を起こしたりすることなどについて、地球規模で理解しようとする学説のことで、1960年代後半から急速に発展してきました。「プレート」とは、地球の表面をおおう十数枚の厚さ100kmほどの板状のかたい岩盤のことです。プレートは、地球内部で対流しているマントルの上に乗っているため、1年間に数cmの速度で動いています。

この学説によって、地球上の大陸や島は近づいて衝突したり、反対に分裂してはなれていったりするものであると考えられるようになりました。現在では、日本列島もそうしてできたと考えられるようになっています。

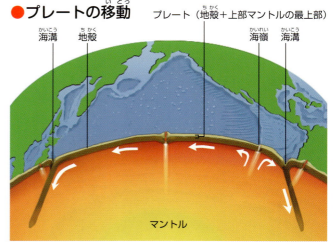

●プレートの移動

プレートには、大陸をつくる大陸プレートと、海底をつくる海洋プレートがある。海洋プレートは海嶺*2で生まれて移動していき、最後は海溝でしずみこむ。

●地球内部

地殻（厚さ5〜60km）
マントル（深さ2900kmまで）
外核（深さ2900〜5100kmまで）
内核（深さ5100kmより内部）

*1 海溝：急斜面に囲まれた、細長い深海底の谷。深いところでは、深さ6000m〜1万mにもおよぶ。
*2 海嶺：海底にある、急斜面をもつ細くて長い高まり。海底山脈のこと。

地球の主要なプレート。

日本海ができた!

現在の日本列島がある場所は、かつてユーラシア大陸の一部でした❶。大陸の東の縁の少し内陸部が長い時間をかけて割れていき、そこへ海の水が入りこみました❷。そうして、海がだんだん拡大していき、現在の日本海の元ができました❸。

その後、ちぎれた大陸の一部の南の部分が、西に移動していき、ついに大陸と重なってしまいます。ところが、その後、海洋プレートのしずみこみにより、ふたたび海ができます。こうして、現在の沖縄から九州、四国、紀伊半島の南部、南関東の海岸地帯が、しだいにかたちづくられていったと考えられています。

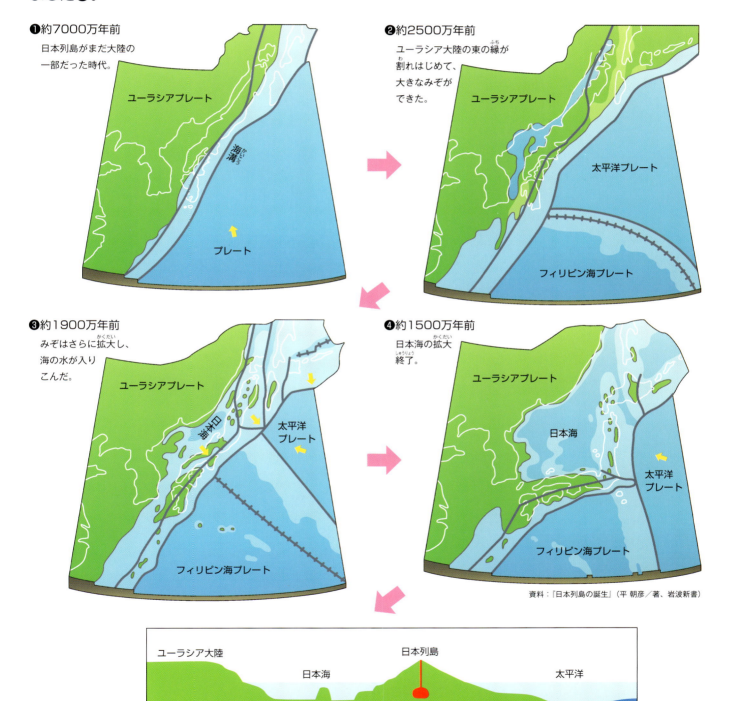

資料：『日本列島の誕生』（平 朝彦／著、岩波新書）

❷ 日本列島の構造

現在では、日本列島は、大部分が
北アメリカプレートとユーラシアプレートの
上に乗っていて、太平洋プレートと
フィリピン海プレートがその下に
しずみこんでいることがわかっています。

日本周辺のプレート。○印を
つけたところがトリプルジャ
ンクション。
出典：地震調査研究推進本部

日本列島のトリプルジャンクション

　上の地図からわかるように、日本列島付近で4つのプレートが複雑に入りくんでいます。3つのプレートが1か所で接する「三重会合点（トリプルジャンクション）」が2つ（房総半島沖と伊豆半島付近）もあります。このようにプレートが複雑にぶつかりあっているところは世界的にめずらしく、こういうところでは火山活動や地震が非常に活発に起こっています。

　こうしたところにある日本列島をさらに特徴づけているのが、2本ある大規模な断層です。この2本の断層によってはさまれた地域は、「フォッサマグナ（大地溝帯）」とよばれる、本州の中央部を南北に縦断する地域です。

　フォッサマグナの西の縁は、「糸魚川－静岡構造線」というはっきりした断層です。東の縁はあまりはっきりしていませんが、関東山地の東側の縁を通ると考えられています。

フォッサマグナの誕生

　1500万年前ごろ、日本海が拡大していく過程で（→p5）、ちぎれた大陸の一部の北側（東北日本）と南側（西南日本）は、反対の向き（北側は反時計回り、南側は時計回り）に回転しはじめました。その結果、日本列島は大きく２つに分断されたと考えられています。

　900万年前ごろから、フィリピン海プレートに乗っていた火山島群が北上して、日本列島に接近したときに、分断されていた日本列島を圧縮しはじめます。このとき、列島をへだてていた海の底がしだいに隆起して、分断されていた列島がくっついたと考えられています。この接合部分がフォッサマグナです。

資料：『日本列島の誕生』（平 朝彦／著、岩波新書）、
　　　『日本列島百万年史』（山崎晴雄・久保純子／著、講談社ブルーバックス）

新潟県糸魚川市にある千丈ヶ岳。フォッサマグナが海だったころの海底火山から噴出した、火山灰や溶岩などでできている。

フォッサマグナの位置。　　出典：フォッサマグナミュージアム

プラス1　フォッサマグナ（大地溝帯）

「フォッサマグナ」の「フォッサ」は「さけ目」、「マグナ」は「大きい」という意味で、1875（明治8）年に明治政府によって招かれたドイツの地質学者ナウマン博士が命名した。フォッサマグナの場所は大地溝（大きなみぞ）になっているというが、実際には、「みぞ」というようには感じられない。なぜなら、現在は地殻の隆起と火山の噴出物などでみぞがうまっているからだ。

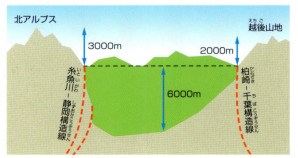

フォッサマグナの深さは6000m以上。　出典：フォッサマグナミュージアム

③ 伊豆半島と伊豆諸島のひみつ

日本列島ができたころ、日本列島の南には、ほぼ南北にならんだ火山島がありました。それらはフィリピン海プレートの上に乗っていました。これらの島じまは、そのままフィリピン海プレートに乗って、少しずつ北上していきました……。

しずみこめなかった島じま

フィリピン海プレートに乗って、気の遠くなるような時間をかけて北上してきた火山島は、やがて駿河トラフと相模トラフの下にしずみこもうとします。今から100万年前ごろのことです。

小さな島じまは、そうして大陸プレートの下にしずみこんで、消えさってしまいました。ところが、大きすぎてしずみこめなかった島がありました。それらは、そのまま日本列島に衝突！

そして、日本列島とつながりました。これが現在の本州の中央で南につきでている伊豆半島です。今から60万〜20万年前のできごとです。

この衝突により、伊豆半島にも、また、本州側にも多くの断層ができました。丹沢山地が生まれたのも、その後の火山活動で富士山などが生まれたのも、この衝突の結果だと考えられています。現在、伊豆半島から丹沢周辺で地震が多いのは、このときの衝撃で活断層（→p13）が多く生じたからです。

100万年前ごろ

出典：伊豆半島ジオパーク

60万〜20万年前

伊豆諸島の島じま。手前から、利島、鵜渡根島、新島、式根島、神津島、三宅島。

伊豆諸島

　伊豆諸島は、かつて日本列島に衝突した伊豆半島に続いている島じまです。これらは、フィリピン海プレートの東の縁にあります。そこでは、海洋プレートどうしである太平洋プレートとフィリピン海プレートとがぶつかりあっていますが、太平洋プレートのほうが重いため、太平洋プレートがフィリピン海プレートの下にしずみこんでいます（→p12のプレート図）。

小笠原諸島

　伊豆・小笠原海溝（→p10・11）は、日本の房総半島沖から南東方向に続いています。その南のほうに小笠原諸島があります。そこでも、太平洋プレートがフィリピン海プレートの下にしずみこんでいます。
　小笠原諸島は東京のはるか南に位置し、「聟島列島」「父島列島」「母島列島」「火山列島（硫黄列島→p15）」の4つに分かれています。

 プラス① 2013年に新島誕生

2013年、小笠原諸島・西之島のすぐそばで火山が噴火し、新島が誕生。その後、新島は西之島と合体し、2017年現在も拡大を続けている。すでに、面積は元の島の8.6倍、体積は400倍超となっている。今後もさらに面積がふくらむ可能性があるといわれている。

新島誕生（2013年11月21日撮影）。

西之島と合体（2014年2月11日撮影）。　写真提供：海上保安庁

❹ 日本列島付近の海溝とトラフ

日本列島の太平洋側には、いくつかの海溝があります。千島海溝、日本海溝、南海トラフ、沖縄トラフは日本列島と同じ向きですが、伊豆・小笠原海溝は日本列島に直角の向きになっています。
「トラフ」とは、海底の細長い谷のことです。
海溝より浅く、幅が広くなっています。

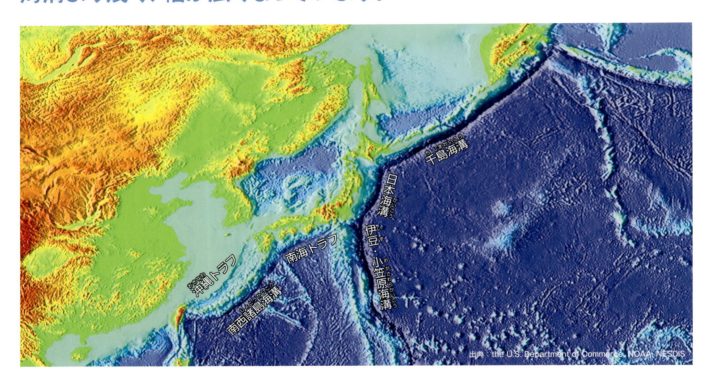

出典：the U.S. Department of Commerce, NOAA, NESDIS

日本海溝

「日本海溝」は、北海道の襟裳岬沖から房総半島沖にかけての、水深8000m以上の巨大な海底の谷です。最も深いところは8020mで、これはチョモランマ（エベレスト）の高さ（8848m）に匹敵する深さとなっています。

日本海溝は、太平洋沖から日本列島に向かって押しよせてくる太平洋プレートが、北アメリカプレートに乗っている日本列島の下にしずみこんでいる地帯だと考えられています。

日本列島周辺にひしめき合うプレートの模式図。

10

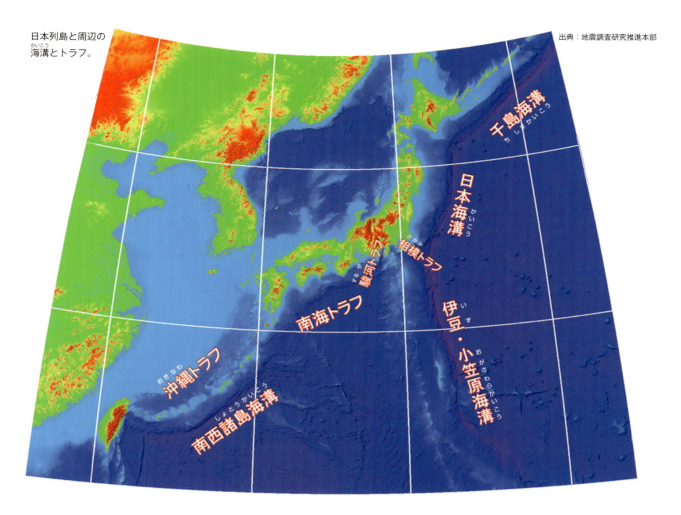

日本列島と周辺の海溝とトラフ。

出典：地震調査研究推進本部

その他の海溝

日本海溝の北側には「千島海溝」があり、南側には、千葉県の沖を起点（三重会合点）として、伊豆・小笠原諸島の東側を南へのびていく「伊豆・小笠原海溝」があります。ここでは、太平洋プレートが西方向に移動し、フィリピン海プレートの下にしずみこんでいます。また、沖縄の南の海には「南西諸島海溝（琉球海溝ともよばれる）」があります。

複雑なトラフのぶつかりあい

日本周辺のトラフに、伊豆半島と伊豆諸島をはさむように「八の字」に位置する「相模トラフ」と「駿河トラフ」があります。伊豆半島の東の相模トラフにそって、フィリピン海プレートが北アメリカプレートの下にしずみこみ、さらにその下に、日本海溝から太平洋プレートが

プラス1 日本の島じまと海溝・プレート

日本の島は、南鳥島を除き、すべて日本海溝の西側にある。逆にいうと、南鳥島だけが太平洋プレート上にあることになる（→3巻p29）。

しずみこむという複雑な動きをしています。
また、四国沖には「南海トラフ」、沖縄の大陸よりには「沖縄トラフ」があります。
駿河トラフ、南海トラフでは、フィリピン海プレートがユーラシアプレートの下にしずみこんでいます（→p12・13）。

⑤ プレートと地震

日本では、プレートの境界を震源地とする巨大地震が
過去何度も起きています。それは、日本列島の周囲でプレートが
複雑にぶつかりあっていることが原因だと考えられています。

■海溝型地震

海洋プレートである太平洋プレートとフィリピン海プレートは、日本海溝、相模トラフ、駿河トラフ、南海トラフから、日本列島の下へとしずみこんでいます。すると、日本列島が乗っている大陸プレートである北アメリカプレートとユーラシアプレートの先端は、接触のまさつのために、長い時間をかけて下方へ向かって少しずつ引きずりこまれています。

引きずりこまれた大陸プレートの先端は、ひずみがたまって、がまんしきれなくなると、一気にはねあがります。その衝撃が巨大地震となります。この地震をプレートの境界で発生する「海溝型地震」といい、津波をともないます。

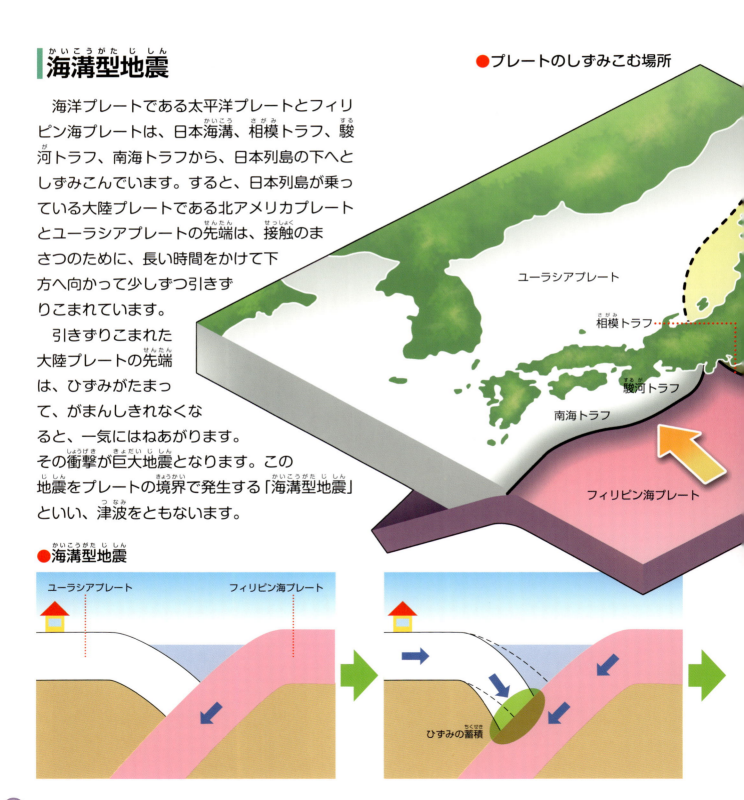

●プレートのしずみこむ場所

●海溝型地震

トリプルジャンクションでは

　南関東沖は、トリプルジャンクション（→p6）とよばれる、プレートが複雑にぶつかっている地域です。日本列島の北側は、太平洋プレートがしずみこむ北アメリカプレートの上に乗っていますが、相模トラフからはフィリピン海プレートがしずみこんでいるのです。このように、南関東沖は、3つのプレートがたがいに衝突したりこすれあったりしていて、絶えず地震を起こしています。

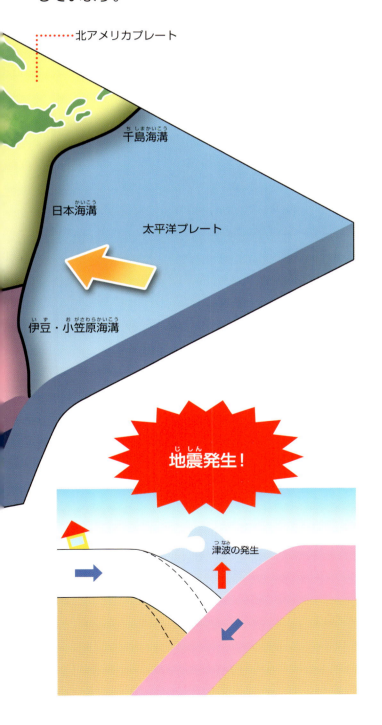

プレート内の地震

　フォッサマグナ（→p7）の糸魚川－静岡構造線では、北アメリカプレートとユーラシアプレートがぶつかっています。このため、日本列島は東西に年1cmの割合でちぢんでいて、また、中部地方から近畿地方にかけて岩盤にひびわれ（断層）が生じていると考えられています。

　海洋プレートの下に引きずりこまれるのをがまんしていた大陸プレートが、限界に達したとき巨大地震が発生します。そのとき、そのエネルギーはプレートの内部にまで伝わっていきます。そうして、各地で岩盤をずり動かしたり、破壊したりすることがあります。数十万年前以降にこうした動きがあり、今後も活動すると考えられる場所（「活断層」）では、なんらかの力が加わり、ふたたびずれ動くことがあります。

　この活断層は、現在日本には2000か所ほど見つかっています。そうしたところでは、地下の浅い所で地震が発生する可能性が高くなっています。その地震を、「直下型地震」といいます。

●活断層で発生する地震

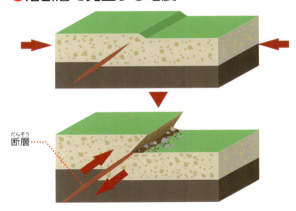

●地震の発生するところ

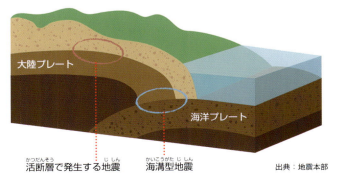

出典：地震本部

日本列島の火山

世界には約1500個くらいの活火山があります。
なかでも活火山の多い国は、太平洋を取りまく「環太平洋地域」に位置するアメリカ、ロシア、チリ、インドネシア、そして日本です。

●活火山とは？

火山について、かつては、「噴火している」ものを「活火山」とよび、「現在は噴火していないが、噴火する可能性のある」ものを「休火山」、「噴火記録がない」ものは「死火山」とよんでいました。富士山のように歴史時代（文献による検証可能な時代）に噴火記録はあるものの、現在休んでいる火山は、休火山とされていました。

ところが、火山の活動は、数百年程度の休止期間では、今後噴火する可能性があるかどうかわからないことから、噴火記録のあるなしにかかわらず、今後噴火する可能性があるすべての火山を「活火山」とよぶようになりました。

その後、2003（平成15）年になって、火山噴火予知連絡会は、活火山を「おおむね過去1万年以内に噴火した火山および現在活発な噴気活動のある火山」と定義しなおしました。その際、日本の活火山の数は108でしたが、2011（平成23）年6月に2つ、2017（平成29）年6月に1つが新たに選定され、2017年現在では、活火山の数は111となっています。この数は、世界の活火山の7～8％が日本に集中していることを示しています。

●火山フロント
日本は火山国だが、火山は日本列島のどこにでもあるわけではない。右の図のピンクの破線は、日本列島の活火山をつないだ線で、「火山フロント」という。火山フロントより東側（太平洋側）には、活火山はほとんどない。活火山は、千島海溝・日本海溝・伊豆・小笠原海溝・南海トラフと平行して分布していることがわかる。

長野・岐阜県境にある御嶽山の噴火（2014年9月27日）。

●そもそも火山とは？

大陸プレートの下に海洋プレートがしずみこむ地帯（海溝）では、海洋プレートによってもちこまれた水の働きなどによって、上部マントルの一部がとけてマグマが形成されます。マグマは上昇していき、いったんマグマだまりにたくわえられます。そして、さまざまな作用を受けて地表に噴出し、火山となります。海溝にほぼ平行して火山が分布しているのは、そのためです。

火山が噴火すれば、大きな被害が出ることがあります。一方、火山のおかげで、土壌が豊かになったり、温泉がわいたり、観光地ができたりすることもあり、人びとは火山の恩恵を受け入れています。

●火山噴火のしくみ

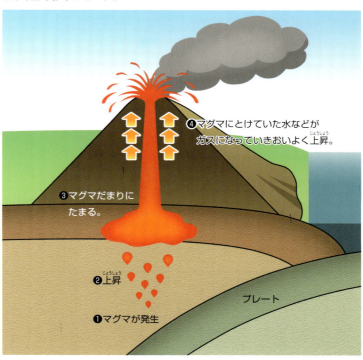

❹マグマにとけていた水などがガスになっていきおいよく上昇。
❸マグマだまりにたまる。
❷上昇
❶マグマが発生
プレート

●「火山列島」とは？

「火山列島」というと、日本列島のことだと思われがちですが、固有名詞としては、小笠原諸島に属する硫黄島、北硫黄島、南硫黄島の３つの島（西之島（→p9）をふくめることもある）をさします。別名、硫黄列島ともよばれています。硫黄のにおいが立ちこめているため、そう名づけられたといわれています。

「火山列島」は、その名のとおり、深海底からそそり立つ海底火山とされていますが、硫黄島および南硫黄島の噴火記録はありません。

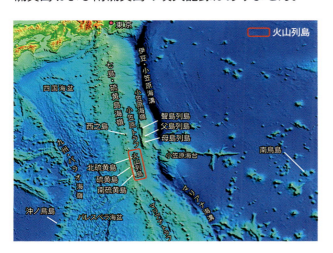

富士山と温泉。

●富士山が噴火したら？

富士山は、1707（宝永4）年に大噴火したという記録が残っています。山の中腹に大きな穴があいて、大量に噴出した火山灰は遠く江戸のまちまで達しました。このため、現在、富士山が同じような噴火を起こせば、首都圏を中心として関東一円に大きな被害が出ると予測されています。

2004（平成16）年６月、富士山が噴火した場合の災害予測が内閣府から発表されました*。

*富士山火山防災協議会「富士山ハザードマップ検討委員会報告書要旨」

⑮

❻ 九州・南西諸島と台湾

九州の南のはしと台湾とのあいだに連なる島じまを、まとめて「南西諸島」とよんでいます。この東側が太平洋で、西側は東シナ海です。

島がいっぱい！

島のまとまりをさらにまとめて

南西諸島には、北から南へ大隅諸島、トカラ列島、奄美群島、沖縄諸島、宮古列島、八重山列島という列島や諸島がふくまれています。

また、沖縄諸島の東のはなれたところに大東諸島があり、八重山列島の北のほうには尖閣諸島があります。「南西諸島」というのは、これらすべての列島や諸島をまとめたよび名で、「琉球列島」とよばれることもあります。

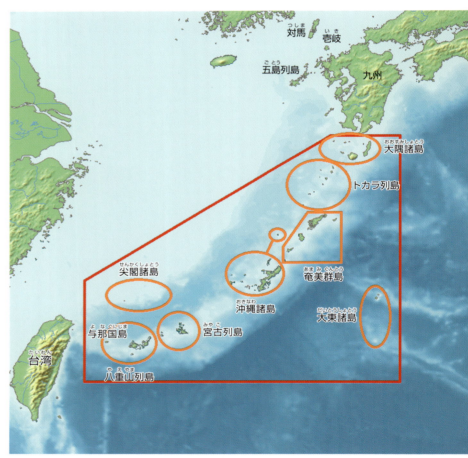

プラス❶ 与那国島

与那国島は、日本最西端の島（→3巻p29）。北緯24度27分、東経122度56分に、日本国最西端の地の碑が立っている。海をはさんで111km西に台湾がある。

与那国島の人口は1706人（2017年）。面積28.95km²、周囲27.49kmの小さな島で、島内一周が車で約1時間、自転車でも3時間程度でできる。島全体が切り立ったがけのような形状をしていて、ゴツゴツとした岩肌がむき出しているところが多い。島固有の動植物が生息し、亜熱帯の大自然にめぐまれている。ここでは、貴重な日本在来馬のヨナグニウマを見ることができる。

放牧されているヨナグニウマ。

南西諸島周辺のプレート

南西諸島あたりの海底では、フィリピン海プレートがユーラシアプレートの下にしずみこんでいます。

なお、大東諸島と尖閣諸島をのぞく南西諸島は、南西諸島海溝と沖縄トラフとのあいだに、ほぼ一直線上に位置しています。

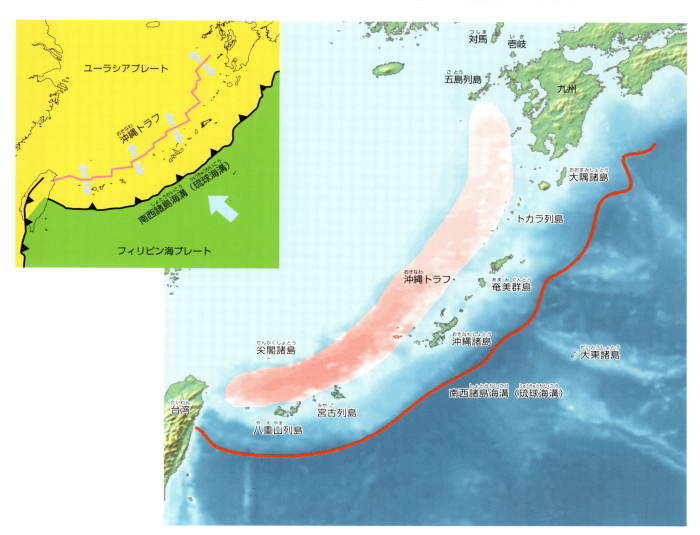

プラス1 大隅諸島とは？

南西諸島のうち、奄美群島や沖縄諸島、宮古列島などは、それぞれ奄美大島、沖縄島、宮古島をふくむ諸島だということがわかるが、大隅諸島という名を知っている人はあまりいないかもしれない。

大隅諸島は鹿児島県に属する、種子島や屋久島などの島じまを擁する諸島をいう。種子島は、漂着したポルトガル船が日本に鉄砲を伝えたことで有名な島。屋久島は、世界自然遺産になっているほど、手つかずの自然が残っている希少な島だ。

鉄砲の伝来を伝える種子島の看板。

樹齢千年をこえる、屋久杉。

7 対馬と朝鮮半島のなりたち

対馬は面積約700km²で、淡路島より大きく、日本の島では第10位*の大きさです。対馬と朝鮮半島の距離は、対馬と九州の距離よりも近いですが、対馬と朝鮮半島のなりたちは大きくことなっています。

朝鮮半島と朝鮮海峡

朝鮮半島は、アジア大陸から日本列島の九州に向かってつき出ている半島で、東側の日本海と西側の黄海をわけています。また、南側の朝鮮海峡によって、朝鮮半島は日本とはっきりわかれています。

なぜなら、朝鮮半島は日本海ができる（→p5）前からアジアの沿岸に位置していたのに対し、日本列島は、海洋プレートのしずみこみによってできたもの（付加体）だからです。

付加体とは？

「付加体」とは、海洋プレートが大陸プレートの下にしずみこむときに、海洋プレートの上につもっていた堆積物がはがれて、陸側に盛り上がったものです。日本列島の多くの部分は、この付加体からなるといわれています。

*北方領土（→第3巻）をふくめた場合の日本の島の面積順位：1 本州　2 北海道　3 九州　4 四国　5 択捉島　6 国後島　7 沖縄島　8 佐渡島　9 奄美大島　10 対馬　11 淡路島

● 付加体の概念図

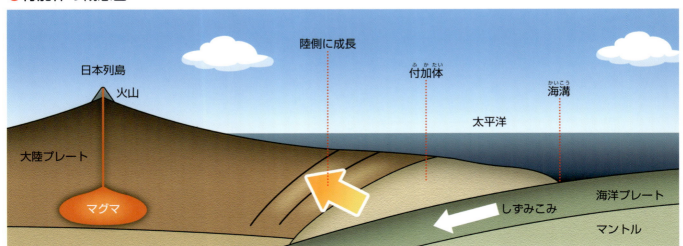

沈降によってできたリアス海岸が続く浅茅湾。

対馬が韓国領!?

長崎県の対馬は、太古の昔の島のおいたちからみても、朝鮮半島に属するものではないのは確かです。しかも、『古事記』『日本書紀』『魏志倭人伝』にも、日本のひとつとして記されています。それなのに、韓国は、なぜ?

●最近の状況

日本の中学社会科の学習指導要領解説書に竹島の領有問題が記述されることに反発して、2008年、韓国では大騒ぎがおこりました。そのとき、「大韓民国傷痍軍警独島死守決死隊」を名のる人たちが着ていたTシャツに「独島は韓国領土、対馬島も韓国領土」と書かれていたのです。それに先立つ2005年に日本で、竹島が島根県に編入されてから100年にあたることを記念して、島根県議会が2月22日を「竹島の日」と制定したところ、韓国の馬山市では、即座に「対馬の日」条例を決議したことがありました。さらに同年、韓国国会でも「対馬返還要求決議案」が提出されました。また、竹島に最も近い韓国の島(ウルルン島)には、「対馬はもともと韓国の地」と彫られた石碑が建てられています。

最近では、インターネットで「韓国の対馬」という歌が配信されたり、対馬への韓国人観光客のなかに「対馬は韓国の領土だ」とシュプレヒコールを挙げたりするグループがいるといいます。

●何を根拠に韓国は主張するのか?

1419年(朝鮮王朝の時代、日本では室町時代)、朝鮮が倭寇*征伐のためとして、対馬に兵を送るという事件が起こりました(日本では「応永の外寇」とよぶ)。この際の和平交渉で、対馬の領主・宗氏が、朝鮮からの信印(印章)を受けたとされています。このことが、現在、韓国の対馬領有を主張する根拠とされています。

なお、領土問題については、シリーズ第3巻『日本の島と領海・EEZ』を読んでください。

対馬をおとずれた韓国人観光客。写真は和多都美神社。
写真提供：共同通信社／ユニフォトプレス

*倭寇：13〜16世紀に朝鮮半島および中国大陸沿岸地域を略奪した海賊集団に対する朝鮮・中国側のよび名。

⑧ 北海道と樺太

かつての日本海溝の延長は、北海道中央部を通っていて、そこへ北海道東部を乗せた北アメリカプレートが西へ移動してきます。北海道西部に衝突して日高山脈ができ、その前面に千島海溝のしずみこみが起こったと考えられています。

樺太のおいたち

北海道は、宗谷海峡をへだてて北側の樺太に面しています。この樺太はおよそ2万年ほど前までは、現在のユーラシア大陸と、また、北海道とも地続きだったと考えられています。その時代は「氷河時代」とよばれ、海水面が現在より下がっていたため、水深の浅い大陸棚は陸地となっていたと考えられています。

ユーラシア大陸、樺太、北海道とにわかれたのは、しだいに暖かい時期へと向かっていったころだといわれています。

そして、はげしい地殻変動はしだいにおさまり、少なくとも約2万年前には、北海道は現在の形とほぼ同じようになりました。

●大陸とつながっていたころの日本

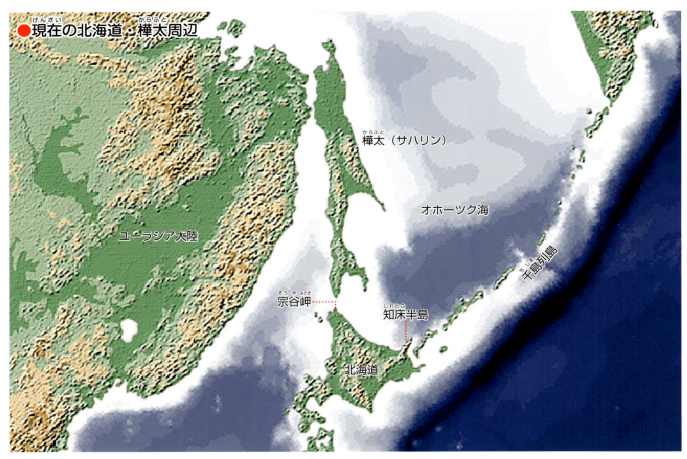

●現在の北海道・樺太周辺

千島列島とその北側

氷河時代が終わり、海水面の上昇によって大陸と切りはなされた北海道は、その北東にのびる千島列島とも深いかかわりがあります。

千島列島は、北海道の東のはしから北東に向かってカムチャツカ半島まで連なる全長約1200kmの「弧状列島」(→プラス1)です。そこにはたくさんの火山があります。

これらの島じまは、北アメリカプレートの下に太平洋プレートがもぐりこんだことでできたと考えられています。また、現在の知床半島は、もぐりこんだプレートが北海道にぶつかってできたものです。

千島列島の200km東の沖にある千島海溝では、現在も地震がひんぱんに起こっています。

プラス1 弧状列島（島弧）

弧状列島というのは、三日月のような弧をえがいてならぶ島じまのこと。「島弧」ともよばれる。
アリューシャン列島、千島列島、日本列島が、弓なりにふくらんだ面を太平洋に向けてならんでいる。さらにインドネシアのスンダ列島などが、太平洋を取りまくようにならんでいる。
弧状列島は、活火山や地震源をともなっていることが多い。

出典：the U.S. Department of Commerce, NOAA, NESDIS

⑨ 恐竜とマンモス

大陸と地続きだった太古の昔、
さまざまな生物が日本列島にわたってきていました。
北海道では北からやってきた恐竜の化石も見つかっています。
時代が下り、マンモスも多くの化石を残しています。

「蝦夷層群」

北海道では、「蝦夷層群」という地層が、宗谷岬から南の方へ南北に長く広がっています。この地層は、おもに地質時代の白亜紀中期（約1億年前）の海で堆積したもので、化石の宝庫として知られています。そこでは、アンモナイトや首長竜などの化石が見つかっています。

白亜紀は、「恐竜の時代」といわれることがあるとおり、苫小牧市の東方にあるむかわ町では、7200万年前のハドロサウルス科の恐竜のほぼ完全な全身骨格（推定全長8m）が見つかりました。これは、世界的な発見だといわれています。

恐竜の絶滅後には

恐竜が絶滅すると、ほ乳類が繁栄する時代がやってきます。北海道は「カイギュウ化石の聖地」といわれます。カイギュウは、海で生活する大型のほ乳類で、現在のジュゴンの仲間です。約1200万年前のショサンベツカイギュウは、日本最古のカイギュウ化石といわれています。また、さまざまなカイギュウの化石も見つかっています。

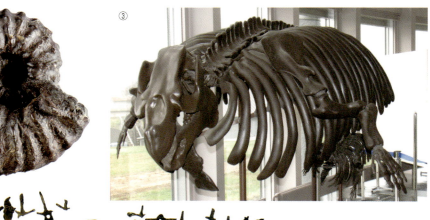

1m

①アンモナイトの化石。
（三笠市立博物館所蔵）
②むかわ町で見つかった、ハドロサウルス科の恐竜の全身骨格。
（むかわ町穂別博物館所蔵）
③北海道の初山別村で発見された「ショサンベツカイギュウ」を復元した模型。
（初山別自然交流センター所蔵）

ナウマンゾウの復元骨格模型。
（忠類ナウマン象記念館所蔵）

南からはナウマンゾウ、北からはマンモス

およそ250万年前、地球は「氷河時代」とよばれる時代。でも、この時期の地球は寒いだけではありませんでした。寒冷化と温暖化をくりかえしていたと推測されています。

非常に寒い氷期には、海水面が80〜140mも下がり、樺太とのあいだの宗谷海峡も、本州とのあいだの津軽海峡もなくなり、地続きになっていました。北海道南東部の帯広に近い幕別町忠類で化石が見つかったナウマンゾウは、本州から津軽海峡をわたってきたと推測されています。また、マンモスが樺太を通って大陸からわたってきたことがわかっています。

復元されたマンモスの親子象。（苫小牧市美術博物館所蔵）

⑩ 世界地図のなかの日本列島

日本列島は、ユーラシア大陸の東に位置し、大陸と太平洋の境目となっています。およそ東経120度から150度、北緯20度から45度のあいだにあって、三日月形をしています。
現在、アジアのなかで「東アジア」とよばれる地域に属しています。

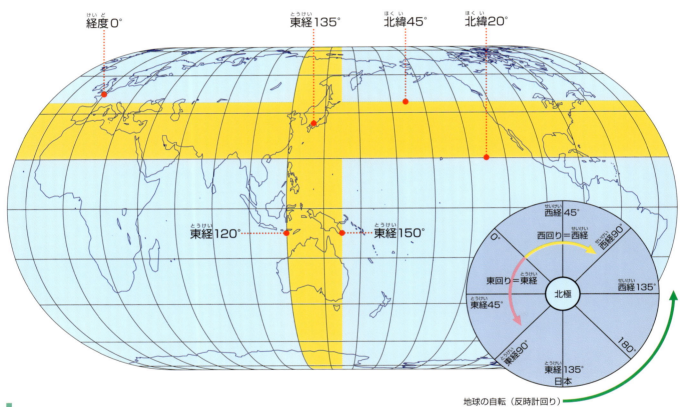

世界のまん中

日本は、東経135度の経線を標準時子午線としています。ここは、経度0度にあるロンドン（イギリス）から見ると、東のほうにあることがわかります。世界の国のなかで、日本と同じぐらいの経度にあるのは、北は韓国・北朝鮮、南はオーストラリアなどの国です。

地球は反時計まわりに自転しているので、東にある地域から順に夜明けをむかえます。経度0度にあるロンドンは、日本の9時間後に夜明けをむかえます。日本がお昼の12時になっても、ロンドンではまだ夜中の3時です。

一方、北緯20度から45度のあいだにある日本は、赤道と北極とのあいだのまん中くらいにあります。このように、赤道と極のまん中くらいの緯度にある国や地域のことを、「中緯度地方」といいます。日本と同じく北半球の「中緯度地方」にある国としては、西は中国、イランやイラク、トルコ、スペインなどで、東は太平洋をはさんでアメリカなどです。

考えることはおもしろい！

「日本のまん中」はどこだと思いますか？ いろいろな「まん中」がありますが、下の「まん中」について考えてみましょう。

● 地理的な「まん中」のひとつ　山梨県韮崎市

韮崎市大草公民館による「日本列島の中心地」の説明看板。

● 人口重心地*　岐阜県郡上市美並町

1995年の人口重心地を記念して建てられた「日本まん真ん中センター」。

＊日本全土を平面とみなし、その上に乗っている人間がすべて同じ体重として、日本全体を1点でささえることができるところを人口重心地という。2000年以降は、同じ岐阜県の関市が人口重心地である。

プラス1　経度と緯度

世界地図や地球儀には、たて・横に線が引いてある。たての線が「経線」で、地球上の東西方向の位置を示す。イギリスの首都ロンドンにあるグリニッジ天文台を通る経線を0度と定めて、地球をたてに区切って、東回りを「東経」、西回りを「西経」とよぶ。球は360度なので、東経と西経はそれぞれ0度から180度まで。一方、横の線を「緯線」とよび、地球上の南北方向の位置を示す。赤道を緯度0度と定めて、地球を横に切って、北半球を「北緯」、南半球を「南緯」とよぶ。北極点を北緯90度、南極点を南緯90度とする。経度も緯度も1度の60分の1を1分、1分の60分の1を1秒と細かくあらわす。

今は博物館となっているグリニッジ天文台。
©Kjetil Bjørnsrud

日本の国土面積

日本の国土面積は約37万8000km^2。大きな4つの島をふくめ、6852の島で構成されています。そのなかで、いちばん大きい島が本州、次いで北海道、九州、四国の順となっています。四国とくらべると、九州は約2倍、北海道は約4倍、本州は約12倍の大きさです。

プラス1　世界の国の大きさ

世界の国ぐにのなかで、日本と同じぐらいの面積の国は、ドイツ。フランス、タイ、スペインなどは日本より大きく、逆にマレーシアやイタリア、フィリピン、ニュージーランドなどは日本より小さい。

順位	国名	面積（km^2）
1位	ロシア	1709万8000
2位	カナダ	998万5000
3位	アメリカ	983万4000
4位	中国	959万7000
5位	ブラジル	851万5000
6位	オーストラリア	769万2000
7位	インド	328万7000
8位	アルゼンチン	278万
9位	カザフスタン	272万5000
10位	アルジェリア	238万2000
48位	フランス	55万2000
50位	タイ	51万3000
51位	スペイン	50万6000
61位	日本	37万8000
62位	ドイツ	35万7000
65位	ベトナム	33万1000
66位	マレーシア	33万
71位	イタリア	30万2000
72位	フィリピン	30万
75位	ニュージーランド	26万8000

資料：『世界国勢図会2016/17』（矢野恒太記念会）

逆さ地図で見る日本列島

これは、大陸を下部にして、日本列島を上部に配置した
逆さ地図です。大陸の側から日本を見ると、
地図の左側から順に、千島列島、日本列島、南西諸島が、
それぞれ弧をえがいている弧状列島であることが、よくわかります。

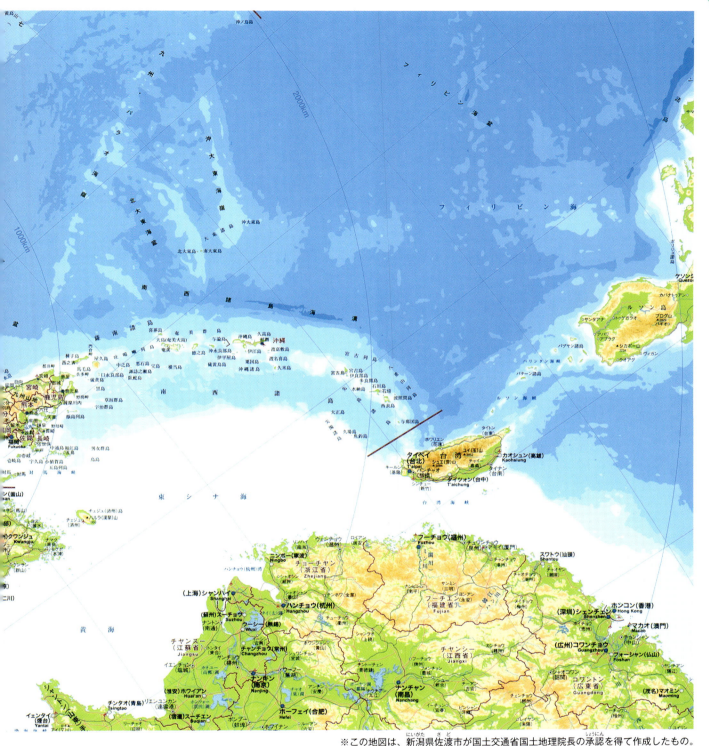

※この地図は、新潟県佐渡市が国土交通省国土地理院長の承認を得て作成したもの。

●視点がかわる!

　この逆さ地図で見ると、日本がどのような位置にあるのかを、ふつうとはちがった視点で見ることができます。たとえば、大陸側から見ると、日本列島が太平洋への出口をふさいでいることに気がつきます。日本列島は、ロシア、韓国、中国から広い太平洋へ船で出るのをじゃましているかのようです。

　このような逆さ地図は、南を上にしたオーストラリアのものが有名です。いつも自分の国が下に置かれるのはいやだという発想で、南北を逆転させたのです。地図が北を上にするのは近代以降の科学的な約束事ですが、時には地図の向きをかえて世界をながめると、新しい発見があるかもしれません。

27

⑪ 地震・火山の噴火による大災害

日本列島は、気が遠くなるほどの時間をかけて、無数の地殻変動を経験して、今の地形をかたちづくってきました。この本の最後は、その日本列島のこれまで知られている巨大な地震や火山の噴火による大災害をみてみましょう。

火山の噴火

文書史料の記録に残る日本最大の噴火は、915年に起こった十和田火山の噴火。噴出量6.5km³。過去2000年間に日本国内で起きた最大規模の噴火だったとみられます。

江戸時代（天明2年）の1782年、現在の群馬県と長野県にまたがる浅間山が噴火しました。この大噴火は、火山灰が太陽をさえぎり、数年間冷害をもたらして天明の飢饉を起こしたとされています。これは、江戸幕府衰退のひとつの原因になったといわれています。

天明の飢饉のようすをえがいた絵。『天明飢饉之図』（福島県会津美里町教育委員会所蔵）

浅間山の大噴火をえがいた絵。『夜分大焼之図』（浅間噴火博物館所蔵）

> **プラス1　地殻変動とは**
>
> 「地殻」とは、地球のいちばん外部の部分（→p4）で、大陸では厚さ30〜60km、大洋地域では5〜6kmとなっている。「地殻変動」は、そうした地殻に生ずる動きをさす。また、それによって起こるさまざまな変形や隆起・沈降、断層、造山運動などのこと。

地震

　日本の観測史上最大の地震は、2011（平成23）年3月11日に発生したマグニチュード（M）9.0の東北地方太平洋沖地震。発生から3か月以内に観測されたM5.0以上の余震の数は500回以上で、これまでの最高を記録しました。この地震による震災を「東日本大震災」といいます。

　最大の内陸直下型地震は、1891（明治24）年10月28日の濃尾地震（M8.0）。ただし、1586年1月18日の天正大地震を日本最大（M7.9～8.1）の直下型とする説もあります。

津波

　東北地方太平洋沖地震により、福島県相馬で9.3m以上、岩手県宮古で8.5m以上など、東日本の太平洋沿岸で非常に高い津波が発生しました。最大遡上高*は40m以上で、観測史上最大の津波でした。

　近代の大きな津波としては、明和8年3月10日（1771年4月24日）の明和大津波があります。最大遡上高は約30m（現・沖縄県石垣市内）。

*津波が陸にかけ上がった際の最大到達高度。

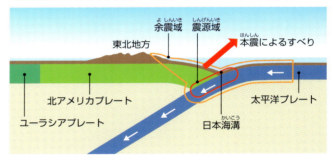

日本経済新聞2011年3月14日付朝刊（利用許諾番号3058823）。

● 東北地方太平洋沖地震のプレートの動き

東北地方太平洋沖地震による岩手県宮古市の大津波（2011年3月11日）。

写真提供：宮古市

用語解説

- **アンモナイト……22**
  約4億年前の古生代に誕生した、頭足類とよばれるイカやタコの仲間。中生代末に恐竜とともに完全に地球上からすがたを消した。アンモナイトは重要な示準化石（地層の地質年代を決定する指標となる化石）とされている。

- **地質時代……22**
  約46億年前に地球ができてから現在までの期間。地層や化石などにより先カンブリア代・古生代・中生代・新生代に大別される。

  ● 地質時代区分

代	開始年代（年前）	
新生代	258万年	第四紀
	2303万年	新第三紀
	6600万年	古第三紀
中生代	1億4500万年	白亜紀
	2億130万年	ジュラ紀
	2億5217万年	三畳紀
古生代	2億9890万年	ペルム紀
	3億5890万年	石炭紀
	4億1920万年	デボン紀
	4億4340万年	シルル紀
	4億8540万年	オルドビス紀
	5億4100万年	カンブリア紀
	46億年	先カンブリア代

- **沈降……19、28**
  陸地が海面に比較して低下すること。隆起の逆。陸地に対して海面が上昇した場合も沈降という。

- **ナウマンゾウ……23**
  日本を代表する氷河時代のゾウ。今からおよそ40万年前から生息していて、およそ2万年前に衰滅。大きく張り出したおでこや、大きく曲がってねじれた牙が特徴。ナウマンゾウの名前は、日本でゾウの化石をはじめて研究したドイツの地質学者ナウマン博士（→p7）の業績を記念してつけられた。

- **標準時子午線……24**
  地球上の国や地域における標準時刻を定めるための経線。1884年、国際子午線会議でイギリスのグリニッジ天文台を通る子午線を時刻の基準となる「本初子午線」とすることが決まった。そこから15度はなれるごとに1時間ずつ時差のある時刻を、各国が採用することになった。

- **本震……29**
  地震が発生した場所の周辺で、それより小さい地震が多数発生する。最初の地震（最も大きな地震）を本震という。それに続く小さな地震を余震という。

- **マグニチュード（M）……29**
  地震の規模をあらわす尺度。ゆれの大きさをあらわす「震度」とはことなる。M8～M9クラスの地震は「巨大地震」といわれる。

- **マンモス……23**
  新生代第四期に生存していたほ乳類のゾウ。マンモスゾウともいう。マンモスといえば、ウーリーマンモスという種類をさし、全身オレンジ色がかった茶色の長毛におおわれていた。主にヨーロッパ、アジア、北アメリカなどに分布。体長、体高は3～4m。

- **リアス海岸……19**
  起伏の多い山地が、海面上昇や地盤沈下により海にしずんだことで形成された海岸地形のこと。海岸線が複雑に入り組み、多数の島が見られる。日本では、岩手県の三陸海岸、福井県の若狭湾、三重県の志摩半島から熊野灘にそって西へのびる海岸などで見られる。

- **隆起……7、8、28**
  陸地が海面に対して上昇すること。陸地に対して海面が低下した場合も隆起という。

さくいん

あ行

奄美群島 ………………… 16、17
アリューシャン列島 ………… 21
硫黄列島 ………………………… 9、15
伊豆・小笠原海溝 … 9、10、11、
　　　　　　　　　　　13、14、15
伊豆半島 ……………… 8、9、11
緯線 ……………………………… 25
糸魚川-静岡構造線 … 6、7、13
大隅諸島 ………………… 16、17
小笠原諸島 ……………… 9、15
沖縄トラフ ………… 10、11、17
御嶽山 ………………………… 14

か行

海溝 ……… 4、5、10、11、15
海溝型地震 ………………… 12、13
海洋プレート …… 4、9、12、
　　　　　　　　　　13、15、18
海嶺 ………………………………… 4
火山 ……………… 14、15、18
火山フロント ………………… 14
火山列島 ………………… 9、15
活火山 ………………… 14、21
活断層 ………………… 8、13
樺太 ………………………… 20、23
北アメリカプレート … 4、6、10、
　　　　　12、13、14、20、21、29
恐竜 ……………………………… 22
巨大地震 ………………… 12、13
経線 ……………………… 24、25
国土面積 ……………………… 25
弧状列島 ………………… 21、26

さ行

逆さ地図 ……………… 26、27

相模トラフ …………… 8、11、12、
　　　　　　　　　　　　　13、14
三重会合点 ………………… 6、11
地震 ……… 4、6、8、12、13、
　　　　　　　　21、28、29
知床半島 ………………… 20、21
駿河トラフ …………… 8、11、12
尖閣諸島 ………………… 16、17
宗谷岬 ………………… 20、22

た行

大地溝帯 …………………… 6、7
大東諸島 ………………… 16、17
太平洋プレート … 4、5、6、9、
　　10、11、12、13、14、21、29
大陸プレート …… 4、8、12、
　　　　　　　　　　13、18
台湾 ……………………………… 16
種子島 ………………………… 17
丹沢山地 ……………………… 8
断層 ………… 6、8、13、28
地殻 ……………………… 4、7
地殻変動 ………………… 20、28
千島海溝 ………… 10、11、13、
　　　　　　　　14、20、21
千島列島 ………………… 20、21
朝鮮半島 ……………………… 18
直下型地震 …………………… 13
沈降 …………… 19、28、30
対馬 ……………………… 18、19
津波 …………… 12、13、29
東北地方太平洋沖地震 ……… 29
トカラ列島 ……………… 16、17
トラフ ………………… 10、11
トリプルジャンクション … 6、13

な行

ナウマンゾウ …………… 23、30
ナウマン博士 …………… 7、30
南海トラフ ………… 11、12、14
南西諸島 ……… 16、17、21、26

南西諸島海溝 ……… 10、11、17
西之島 ………………… 9、15
日本海 ………… 5、7、18、21
日本海溝 … 10、11、12、13、
　　　　　　　14、20、29

は行

箱根火山 ……………………… 8
東日本大震災 ………………… 29
氷河時代 ………… 20、21、23
フィリピン海プレート …… 4、5、
　　6、7、8、9、11、12、
　　13、14、17、21
フォッサマグナ …… 6、7、10
付加体 ………………………… 18
富士山 …………… 8、14、15
プレート …… 4、5、12、13、29
プレートテクトニクス ……… 4
噴火 ………………… 14、15、28
北海道 ………………… 20、21

ま行

マグマ ………………… 15、18
マントル ………………… 4、15
南鳥島 ………………… 11、15
宮古列島 ………………… 16、17

や行

八重山列島 ……………… 16、17
屋久島 ………………………… 17
ユーラシアプレート …… 4、5、
　　6、10、11、12、13、
　　14、17、21、29
与那国島 ……………………… 16

ら行

琉球海溝 ………………… 11、17
琉球列島 ………………… 16、21

■ 監修
田代 博 (たしろ ひろし)

1950年広島県生まれ。1972年東京教育大学理学部（地理学専攻）卒業後、神奈川県立高校、1997年より筑波大学附属高校の社会科地理教諭。2015年より（一財）日本地図センター勤務。現在、日本地図センター相談役、明治大学等非常勤講師。地図を用いた富士山の展望研究で知られ、テレビ等にもしばしば出演。主な著書に『知って楽しい地図の話』『今日はなんの日、富士山の日』『世界の「富士山」』『地図がわかれば社会がわかる』（いずれも新日本出版社）、『「富士見」の謎』（祥伝社）、共編『展望の山旅（正、続、続々）』（実業之日本社）、監修『友だちに話したくなる地図のヒミツ』（実務教育出版）などがある。

■ 著者
稲葉茂勝（いなば しげかつ）

1953年東京都生まれ。大阪外国語大学、東京外国語大学卒業。国際理解教育学会会員。子ども向けの書籍のプロデューサーとして多数の作品を発表。自らの著作は、『「戦争」と「平和」をあらわす世界の言葉』（今人舎）など、国際理解関係を中心に多数。2016年9月より「子どもジャーナリスト」として、執筆活動を強化しはじめた。

■ 企画・編集／こどもくらぶ

■ 制作・デザイン／（株）エヌ・アンド・エス企画（佐藤道弘・矢野瑛子）

■イラスト
楠美マユラ

■写真協力
海上保安庁
地震調査研究推進本部
フォッサマグナミュージアム
アフロ
フォトライブラリー
Nori／PIXTA

本書で紹介した資料などは、2017年10月までに調べたものです。今後変更になる可能性がありますので、ご了承ください。

表紙写真：アマナイメージーズ
大扉写真：the U.S. Department of Commerce, NOAA, NESDIS

日本の島じま大研究1　日本列島の歴史と地理　　　　　　　　　NDC290

2017年12月20日　　初版発行

監　　修　　田代　博
著　　者　　稲葉茂勝
発 行 者　　山浦真一
発 行 所　　株式会社あすなろ書房　　〒162-0041　東京都新宿区早稲田鶴巻町551-4
　　　　　　電話　03-3203-3350（代表）
印刷·製本　　瞬報社写真印刷株式会社

©2017 Inaba Shigekatsu
Printed in Japan

32P／31cm
ISBN978-4-7515-2891-4